幸せには退屈という側面がある
それは必ずしも歓びと矛盾しない

谷川俊太郎
『幸せについて』より

この本は、東京の端っこに住む

族

介

3 「ひま上手」な家族を紹介する本です。

家

紹

2日酔いを娘たちになぐさめられ、励まされる人。

フクダカヨ

こんなだから人への感謝とリスペクトはやたら強い。

入江ちゃん

持てる力を全て使って自分を含めみんなが楽しくなれるよう努力する人。

ここ大事

2019年9月13日

ネイルは姉から妹にやってあげる事。

髪結いは、姉が妹を頼ってやる唯一の事。

「なっちゃん髪やって」と呼ぶ。

姉は、妹の髪結い技術を認めているが、
気に入らない仕上がりだと何度か直させてい
る。妹は、当たり前のように淡々と何度で
もやり直す。

「じゃあもう自分でやればいい」

と投げ出すこともなく。

ヨーグルトを食べながら、

「なっちゃん、髪やって」

トマトを食べながら、

「なっちゃん髪」

妹は、自分の支度をしていても
すぐに駆けつける。

写真と文章＝入江英樹

2019年2月19日

朝、近所の子が迎えに来てくれる。
大抵の場合、次女は準備が途中なので待たせることになる。
くつろいで待っていてくれるのでお互い良い時間なのかもしれない。

髪を切っただの、新しい服を買ってもらっただの、小学生との世間話も楽しい。

夏乃は、友達が来てもスピードをあげることはしない。そして皆、余裕を持って家を出ているので急かす必要もない。

2018年12月19日

最近、中2の長女は週末の度に友達と買い物や勉強しに出かけるが、たまに「月に一度くらいは家族で出かけたいね」と誘ってくる。自分から誘った時は積極的で、昼食も「あそこはどう?」などと相談してくる。妹にも、「あまり好きなものがなかったら、他の店で食べたいものを選んでいいよ」と優しい言葉をかける。実際は、これはどうかあれはどうかと、その店のメニューを矢継ぎ早に勧めて決めさせてしまう。そして、自分は早々に食べ終わり、こちらはまだコーヒーを飲んでゆっくりしたいのに、店の外から「先に上のヴィレッジヴァンガードに行ってるね」とジェスチャーで伝えて行ってしまった。娘に振り回されるのは多少疲れるが、楽しい。

2018年3月23日

朝、「行って来ます」と開けたドア。
外の光が春めいてきた。

2017年5月13日

夏乃は、5分でも時間があればブランコへ。4年生になっても心底楽しんでいるのはすごいと思う。

見に来てといつも誘われるが、その度に技を増やしていて驚かされる。もはやブランコ遊びとは呼べないレベルに到達している。

上を向く時は、必ず目をつぶるとより楽しいと教えてくれた。

子供の時にしか出来ない遊びをおもいっきり楽しむ姿は尊敬に値する。

9

2017年3月24日

小春が小学校を卒業した。

家では目についた細かい事を言い過ぎてしまい、1ヶ月ほど前から、夫婦で「小春ちゃんに多少の事では怒らないイベント」を開催している。怒らない事をやってみると、まあ、些細な事を言ったり怒ったり、親の方が感情的になってしまうものだと気付いた。


友達のいない小学校に入学した6年後、小春は卒業式が終わった後の校庭で友達と楽しそうにしていた。

お祝いを頂いたご近所さんへお礼だって、はにかみながらもちゃんと伝えていた。


小春に任せておけば大丈夫。

前からそうだったのかもしれないけど。

卒業おめでとう。

2016年12月27日

占いと言っても、朝の番組の星座占いくらいのものですが、興味を持ち出した娘たち。手相を解説するテレビを見ながら手を動かして、むずかしい顔をしていた。

11

2016年9月14日

奥さんの誕生日。

プレートに「おかあさん　おたんじょうび　おめでとう」とお願いした。

実はこの日、母娘で呼び方の話をしていた。

「小春ちゃん、小さい頃は、おかあしゃんって呼んでたんだよ。保育園に通いだしてからママって言う様になって。

先生が『ママ来たよ』って言ってたからかな？

周りの子がママって呼んでたからかな？

おとうさん、おかあさんって呼んで欲しかったけど、なんか、いつのまにかママパパになってたね」

「今日からおかあさんって呼ぼうかな。おかあさんって呼んでたら、なっちゃんびっくりするかな」

というやりとりがあってから1ヶ月が経つがまだ、おかあさんは定着していない。

2016年8月8日

小春ちゃんの微動フラフープ。

2016年8月8日

夏乃ちゃんの激動フラループ。
どっちも好き。

2016年8月7日

休みの午前中。
布団が雑然と横倒しになっている所で
ゴロゴロしているだけかと思って
よく見てみると
ベッドと机になっている。

作ったであろう人に
実演付きで解説してもらうと
意外と整理された機能的な空間だった。

2015年11月某日

姉は、自分の遊ぶ所にばかりついてくる妹を心配し「もう少し、同級生と遊んだ方がよいのでは?」と母に話す。

妹は、自分の友達との約束をキャンセルしてでも姉の遊ぶ所に付いて行く。「自分も、姉みたいになりたい」と母に話す。

2015年5月11日

明日は遠足ということで、いつもよりも早く
眠りにつく。
まあ、寝るまでどたばたと用意したり
明日の天気を気にして、
それなりに緊張している様子でした。

その寝相がなぜか腕組みをしてしかめ面。
試合直前の剣士のような緊迫感ある寝方が
可笑しい。

おでこは、学校の休み時間に下駄箱でぶつけ
たらしく、冷やしながら寝入った。

2015年3月11日

小春の1/2成人式で小春に送った手紙。

今書いても同じ文面かも知れないけれど。


「小春が、ママのお腹にいるって分かってすぐ、嬉しくって嬉しくってパパとママは、まず、ドイツのソリ会社が作ったくるまのおもちゃと岡本太郎作のこいのぼりを買いました。

まだ、小春が女の子と知る前に、どっちも男の子用なのに。今でもそうだけど、そうやってパパもママも小春が喜ぶかなあと思って、パパとママの好きなものを選びます。だから、時には小春と気持ちがすれ違ってしまうこともあるね。これから小春は、パパもママも知らない世界に飛び込んで行くと思う。

それは素敵なことだから、応援しているよ。

そして時々は、パパとママにも付き合って楽しいことを一緒にやろうね」

2015年2月24日

読み聞かせ中。

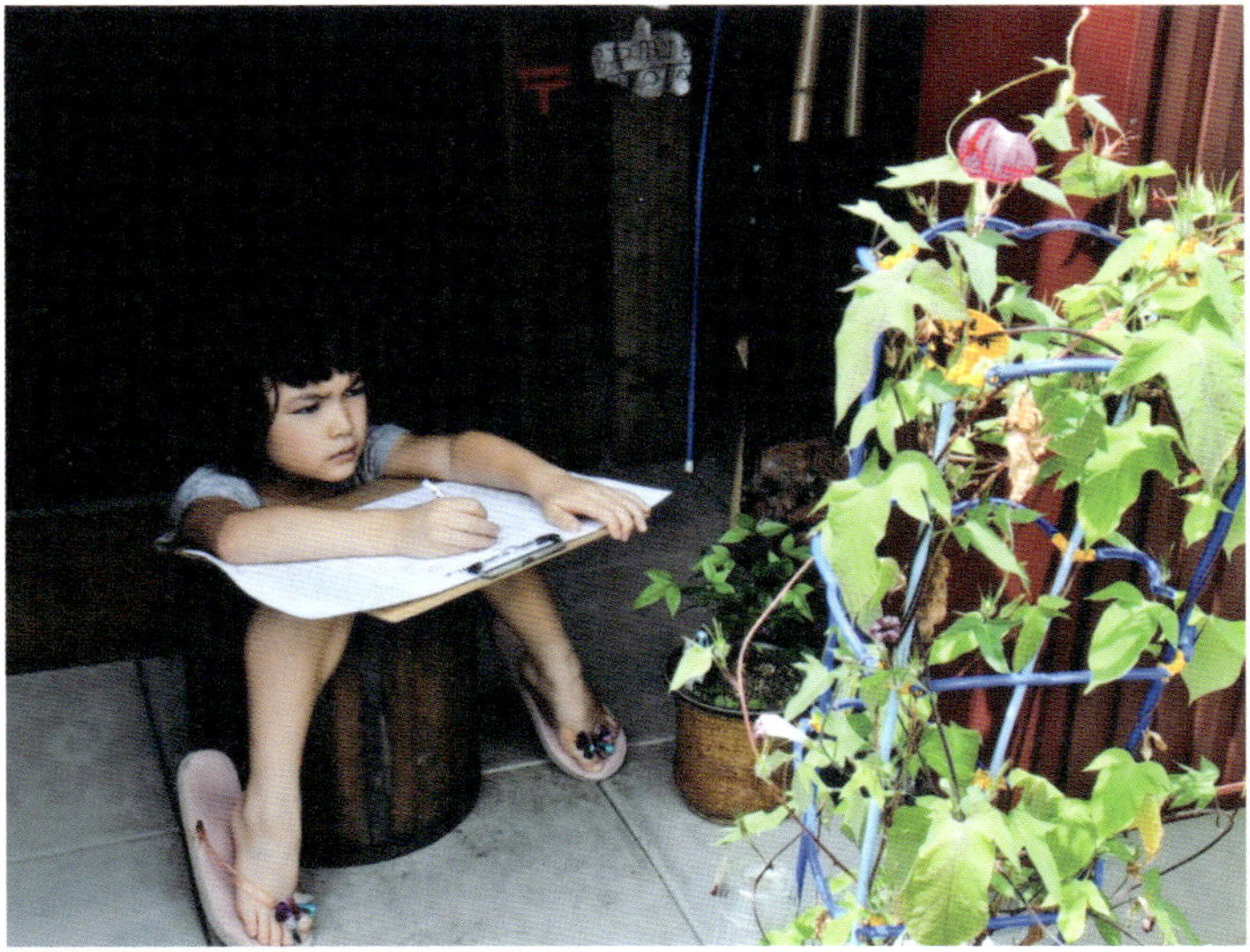

2014年8月4日

小学生初の夏休みが始まってすぐに、猛烈に宿題をやり出す夏乃。

自分が小学生だった頃は、宿題は8月の終わりに焦ってやったものなので真面目すぎるのではと疑問に思い聞いてみると、週空けに宿題を持って行くと焦っているとの事。
まさかと思ったが、夏休みはいつまでか聞くと、答えが曖昧。

昨年まで、保育園に通っていたので、夏休みというもののイメージが湧かないまま夏休みに突入していたらしい。
その後、先輩の小春ちゃんに40日間も休みが続く事を教えてもらい、やっと夏休みらしい過ごし方が出来る様になりました。

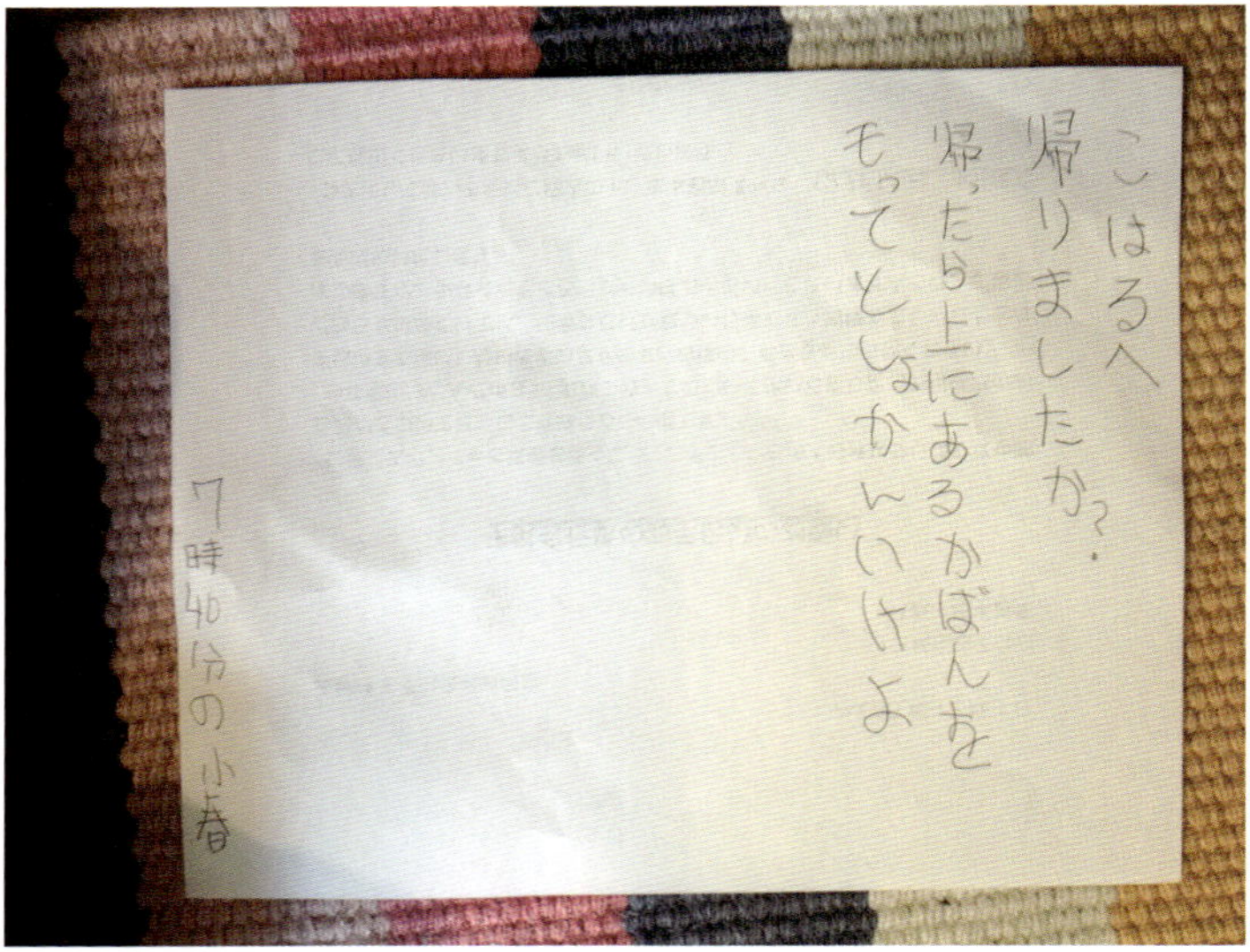

2013年12月3日

今朝、小学校に行く直前に何やら書き始めた小春。

家に迎えに来てくれた友達を待たせてまで、未来の自分に当てた手紙を書ききり玄関に置いて行った。

学校から帰ったら母が不在なので、自分で鍵を開けて図書館に行く予定。

2013年12月3日

そして、その未来の小春は泣きじゃくり母に励まされている。

鍵を学校へ持っていくのを忘れてしまい（手紙を書くのに忙しく鍵の事など忘れてた）家に戻るとお腹が痛くなり、近所の友達の家で電話を借り母に電話。トイレに行きたいから早く帰って来てと怒り気味。

「トイレは、友人宅で借りたらいいよ」と母は言うが大の方は恥ずかしくて借りれないらしく、家の庭でお腹の痛みに耐えながらずいぶんと待っていた。

母が帰って来て、トイレに駆け込む。

安心して緊張の糸が切れた小春は、赤ちゃんの様に泣いていた。

2013年2月16日

お子様ランチのおまけで小さな剣をもらった
夏乃。
姉妹で対決ごっこをしました。

「小春による判定の結果、夏乃の負け」

その負けに異議を申し立てた夏乃は泣く。
泣いている夏乃にこんこんと
試合経過の説明を重ねて
自分の勝ちを認めさせる小春。
夏乃はビームばかり出すし、
戦う気がなくずるいと
まるで柔道の教育的指導的な小春の見解。
試合終盤は寒さで観客無しの対決だった為、
真相は二人にしかわかりません。

23

2012年4月22日

親としては、嫌がっている顔もかわいく思い、
その顔を見たくてむりやりぎゅーしてチュー
することがある。
子も大抵まんざらではない、と思いたい。

2011年12月20日

出掛けた時に、じゃんけんを歩きながらやっていた。最初、足じゃんけんだったのが、歩いていて立ち止まらなくてもよいものとして、誰からともなく、口じゃんけんになる。

即興で適当に考えたカタチなので、
本人達も少し考えないと
どちらが勝ったかわからなかった。

2011年3月4日

朝から珍しく異常に仲が良いふたり。

朝ご飯に、お互いの右手と左手を紐でつなげたままで食べる。

片方が動くと紐で引っ張られるので、どちらかが食べている間、どちらかが待つのを繰り返して食べていた。

2011年3月4日

夏乃が車でもうすぐ家に着くという時に
「家に帰って手も洗わないでそのままコップで
飲んじゃうくらいのどが乾いたよー」と表現
したのはうまい言い回しだなと思った。
「あのマンションくらいお腹すいた」
と言いながら両手を広げてスケールを表現。
これもうまいと思った。

2011年4月6日

小春。入学式。
隣町の保育園に通っていたので
友達がいない小学校に
ひとりぼっちで入学した。
本人は、小学校での生活を楽しみにしていて
当日もお母さんと手を繋いで
嬉しそうに初登校。
体育館での式が終わり教室に戻ると
まだ友達ではない沢山のクラスメイト達。
緊張が解け、不安な気持ちも出てきたのか
一点を見つめ、
ランドセルを抱える手に力が入っていた。

1979 英樹 ネッシーの ネス湖で3歳の誕生会をする

1985 カヨ、絵日記をはじめる

1995 英樹、ロンドン留学　写真をはじめる

1999 カヨ、谷川さんと出会う

2002 W杯 決勝戦一緒にテレビ観戦
英樹とカヨ　出会う

2003 結婚
銀座月光荘で二人展
ロンドン／イタリア新婚旅行

2004 blogはじめる
小春誕生 バースあおはで

2005 『傘が首にかかってますけど〜フクダカヨ絵日記』出版

2006 小春犬を飼ったら"チェブラーシカ"という名前にすると決める
第1回おうち、開催（グループ展）
NUUさん楽曲「小春」

2007 夏乃誕生　小春おっぱい復活
『よりみちの天才』出版 バースあおはで

2008 小さん 聞きながら眠るブーム
森の近くに家を建てる　第2回おうち、

2009 谷川さんが家に来た！
NUUさん楽曲「なつのこども」

2010 小春、「好きなもの はは ママと小さん」発言
第3回おうち、

小春 お坊さんブーム

2011

2012 小春 泊まって欲しい

2013 ブーム（来た人に宿泊をすすめる）

2014 英樹 マラソン 始める

2015 なつのたまご焼き作れるようになった。

2016

2017

2018 英樹 自治会長を務める

2019 英樹 サッカー得点王

小春、小学校入学

↑おつかいブーム（近くにスーパーできて）

第4回おうち、

なつのイトマン　小春、読書にハマる

ロンドン家族旅行（イタリアも）

夏乃、小学校入学

『神様はそんなにひまじゃない』出版（記念トークショー 谷川さんと下北沢で）

夏乃チョークブーム

カヨ ギターはじめる

小春、中学入学　なつの体そうクラブ

第5回おうち、

小春、外国の映画にハマる

第6回おうち、

『ひまのつめあわせ』出版

←→ 小春 思春期

絵日記にしておいて
本当によかった。
何度でもまぶしい、
子どもとの暮らし。

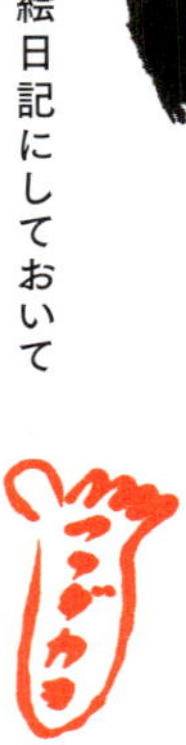

Aug 2019
8
わっわっわ〜っ
まだ終わらないって
なっちゃーん大変〜もう夏休み終わっちゃうよ〜

この頃の小春はすごい勢いで言葉を覚え、新しい言葉が飛び出す度に私たちはまるで奇跡をみたかのように驚き興奮した。

さいたーさいたー
出ーてないよの
花がーー
うんち出た?
歌の途中に話しかけると、
替え歌にして返事

2006

道草いろいろ

保育園から家まで帰るのに小春と歩くと50分はかかってた。思い出すと泣きたくなる。あれが幸せな時間ってやつだな。

2007

子ども広場

2009

八

トイレは「個室」ではありませんでした。

Y

怖いの？

小春は昼間でも一人で2階に行けなくて、
よくなっちゃんについて来てもらってた。そんな二人の後ろ姿が大好きだった。

手遊び披露

そんな選択肢あるんだ！と感心させられた。

39 どうして私思い通りにならないとプーってなっちゃうんだろ

これ、今でもよく思い出す。そしてなかなか己の生き方に活かせない。

2015

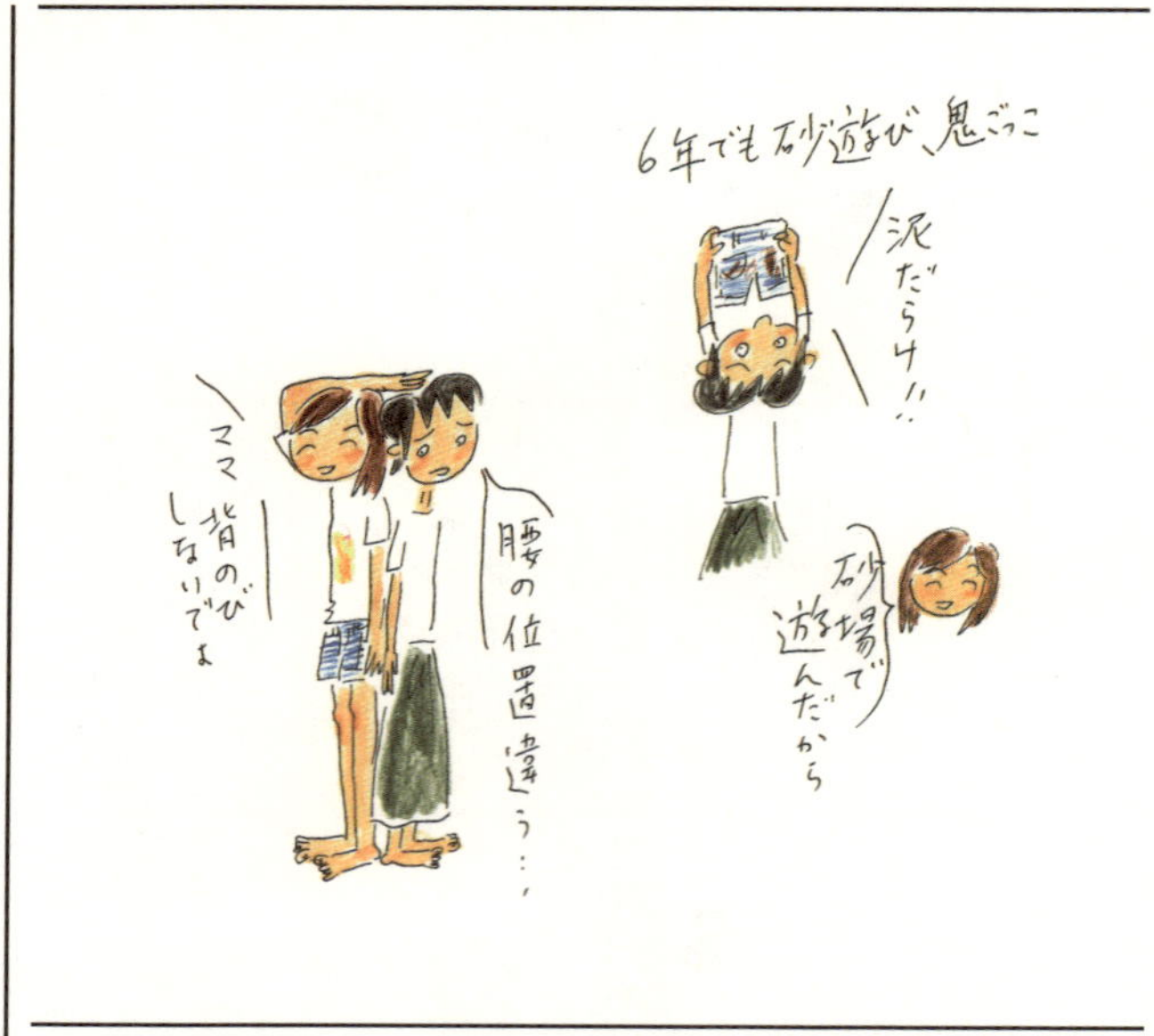

毎日放課後は、全力で遊んでた小春。強くて温かくて本当に素敵な子だなぁ。

41 いっぱい使う！

大事にする！だから買ってあげました。

宣言通り、よく使いました。

あんなに楽しませてもらえていい買い物でした。（実写あり。☞57ページ。）

2016

小春にすごく怒ってしまった夜

2017

あんな気持ちのまま眠らせずに本当によかった。

夏休み最終日

幸せって機嫌がいいこと。いつも機嫌よく生きられるこの人は、学校の宿題なんてしなくても大丈夫だと思う。

2018

思春期に慣れてきた頃に

思春期はじめました
思春期が定番メニューになりつつある今日この頃。
は?
小籔化ススム
いつも不機嫌な小春が、
…
ねぇママ♡
…
お願いがある時だけ笑顔。
ふーん、じゃあママにチューしてよ
ちょっと意地悪してわざと言った。
え?口?
ぶちゅ♡
はい♡

この年は思春期の最高潮でした。今は笑顔が増え、おかえり！小春ちゃん！って感じです。

2018

自分では結構いいなと思ってるのにイマイチの反応された時

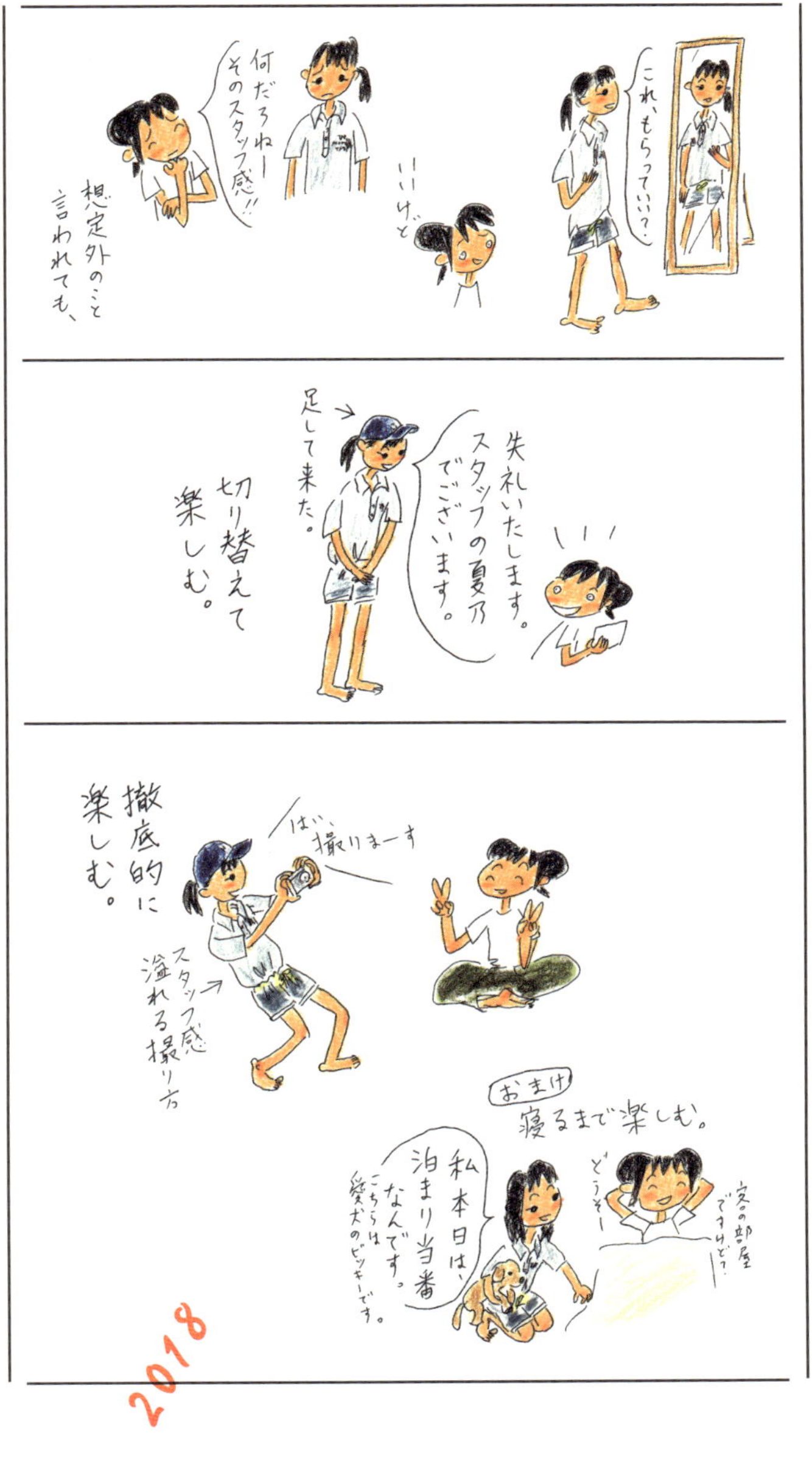

カッコいい！なっちゃんのこういうとこ大好き！
ああ、きっとどこでも楽しく生きてってくれる、って嬉しくなる。

2018

暮らしてるだけ

ただ、一緒に

「子育て」してきたつもりはない。わたしたちは家族で、あの子たちとただ一緒に暮らしているだけだ。

物理的なお手伝いはもちろんしてきた。出来ない事があれば当然助ける。おむつ替えたり、抱っこで運んだり、食べさせてあげたり。「おっぱい」時代には、自分は人間でありながら同時に「食糧」でもあるのかと、感慨深かった。（アンパンマンへのシンパシーは半端なかった）

もらったことの方がはるかに多い。小春が生まれた時なんて、目が覚めるとすぐ隣りを確認し、「わっ、赤ちゃんやっぱりいる〜〜♡」って興奮した。幸せの、もっと上の気持ちがあるっ

て知った。あの子たちにとって生まれて初めての体験に何度も立ち会わせてもらえ、その感動を間近で感じることができて新鮮だった。自分がもう一回生まれ直したみたいにワクワクした。

子どもたちが大きく育っていく行く道すがら、一緒に暮らしていると役得だなあと思うことがたくさんあった。特に、ひまな時の子どもの発想は面白い。空想の世界に入って、遊びがどんどん膨らんでいくのをそっと眺めるのは楽しかった。

ＣＤを並べたかと思うと鰻に見立ててうちわで扇ぎだしたり、あおむけで天井を見つめてるなぁと思ったら、背の高い友達のお父さんは家に入れるのかを心配をしていたり。ひまな時間こそが人間を作るんじゃないかと思うくらい、それは素敵な風景だった。

今の暮らしももちろん大好き。

その大前提で、小さい声で言いたい。

ああ〜、何度でもおかわりしたい！

（文＝フクダカヨ）

春夏姉妹の心のかたち

床に落ちていた裏紙のメモ、お絵かき工作、家族への手紙。入江家の壁にはたくさんの名作が飾ってあります。

姉妹はどんどん大きくなっていくけれど、生み落とされたたくさんの「心のかたち」は、変わらず当時の気分を伝えてくれます。

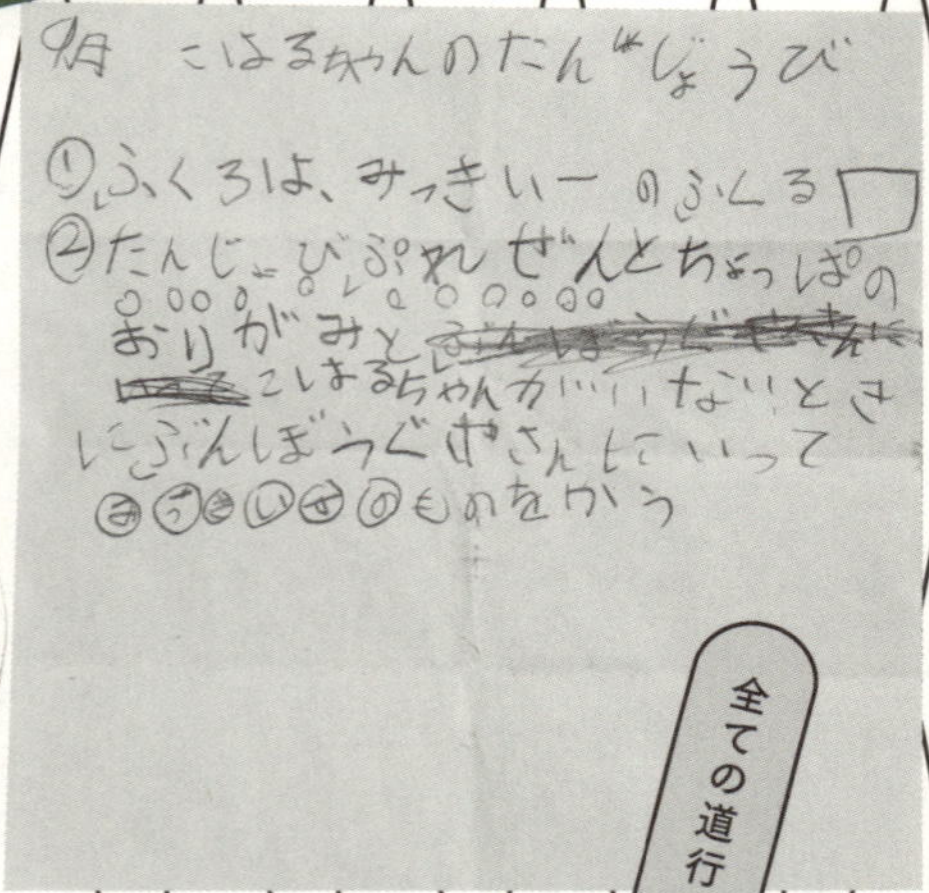
9月　こはるちゃんのたんじょうび
①ふくろは、みっきいー のふくろ
②たんじょうびぷれぜんとちょっぱのおりがみと
こはるちゃんがいないときにぶんぼうぐやさんにいって
すうきいなものをかう

いってらっしゃい
おはよう!

全ての道行く人に朝の挨拶。なかなか思いつかない。（カヨ）

スイカを色々な角度から描きたい意識がこの形を産んだ（英樹）

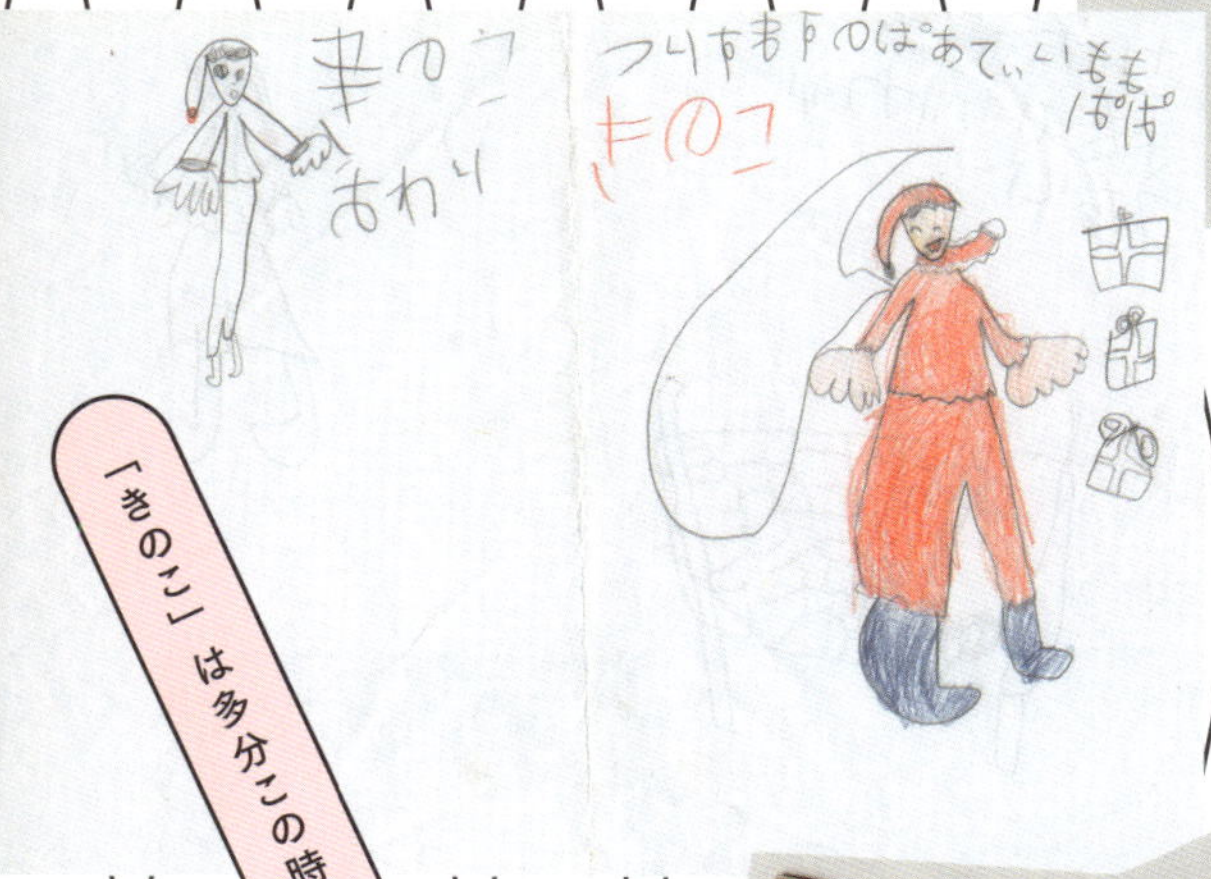

「きのこ」は多分この時気に入っていた言葉。（カヨ）

今日の小春のスケジュール

1. 10時ごろにパパとケオです。
2. 11時ごろにママが家にとうちゃく。
3. ママが家にとうちゃくしたら昼めし。（おひるごはん）
4. 家を出てもしかしたら森でクッキーを食べるかも。
5. 森から家に帰る。
6. みんなでごろごろする。!!（かも!!）

あとは自由!!

やった〜

まあちょっとはね

ちゅうい

（スケジュールどおりにいかないばあいがございます。

文・入江小春 絵・入江小春。

家でゆっくり過ごす事を細かく書いているところが小春らしい。（英樹）

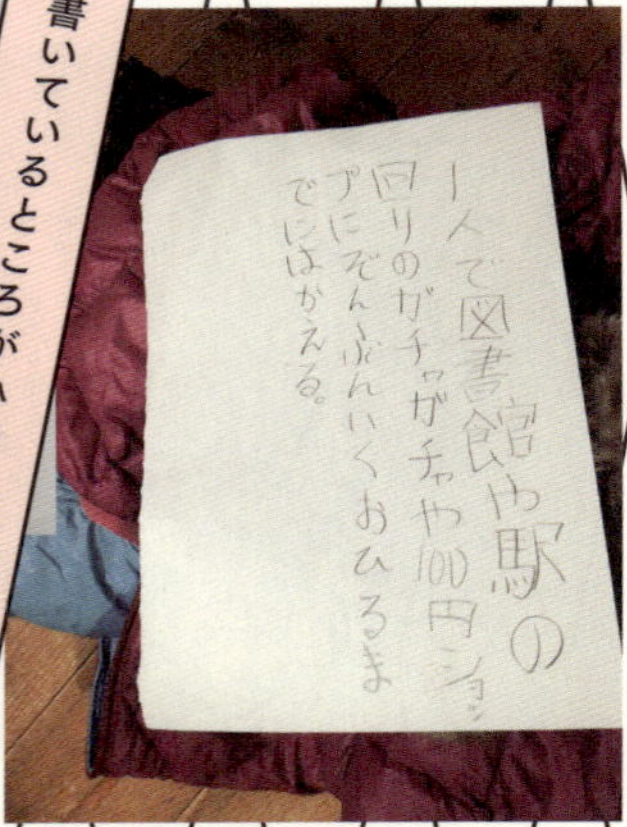

夜、吹き抜けの2階からヒラヒラとティッシュの手紙。行くしかない。（カヨ）

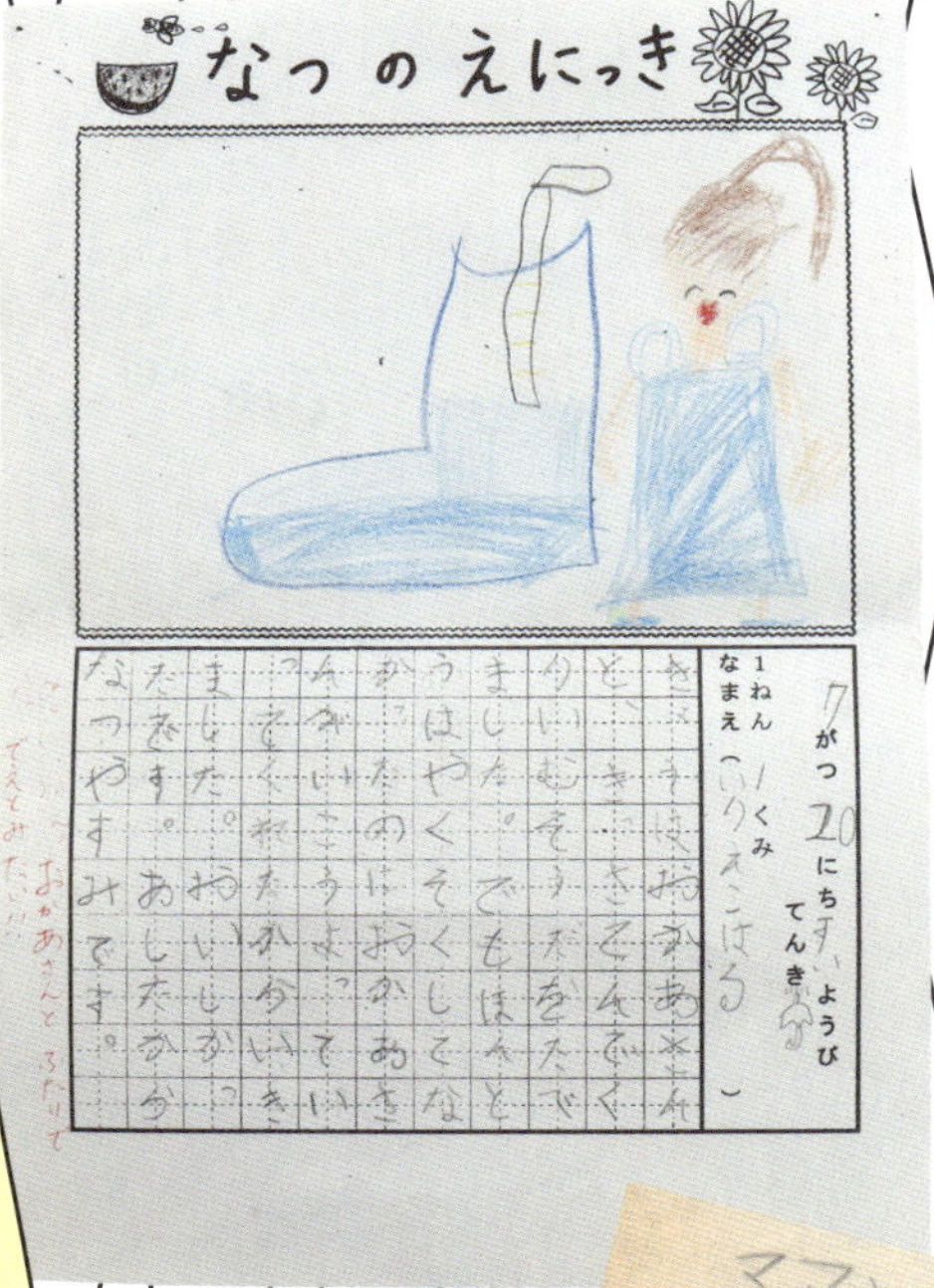

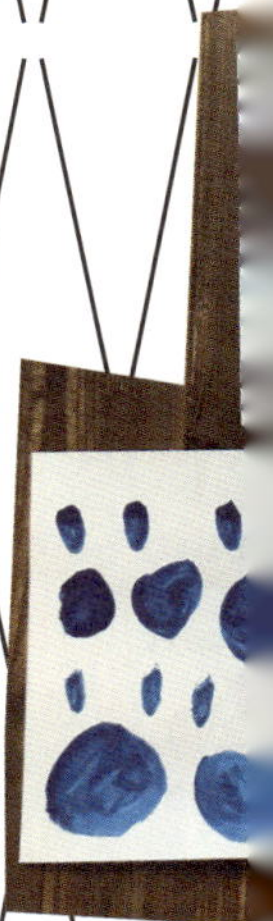

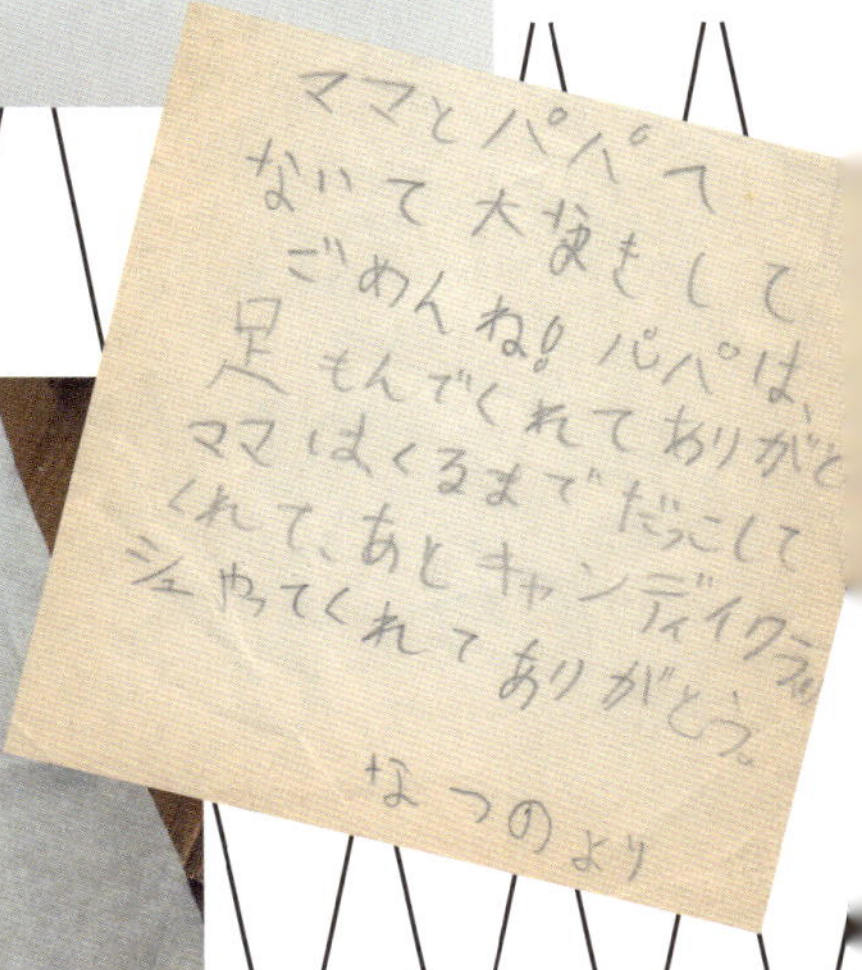

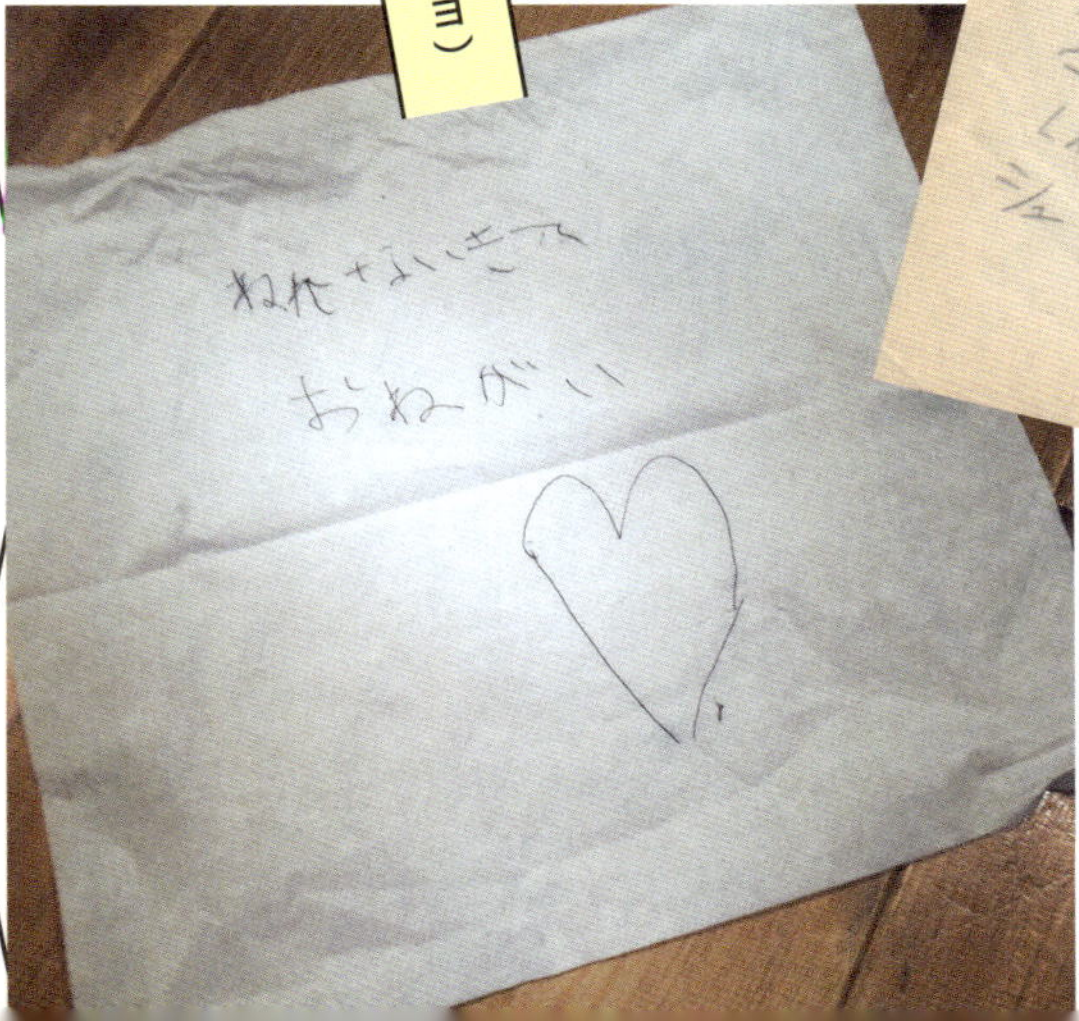

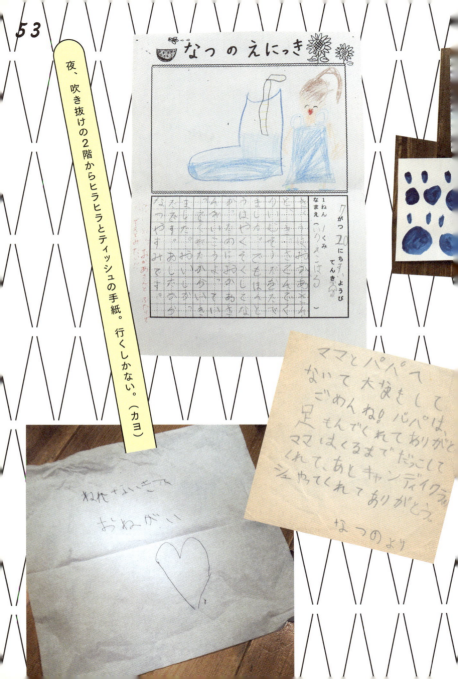

かぞくのおへそ
パパ大すき
パパのクッキーがいちばんすきパパも
パパ こはる なっちゃん ママ
でべそ まあまあでべそ どでべそ でべそ

へそで家族の性格まで表してる。（英樹）

夏乃の卒乳を促す為に小春が描いたポスター。名作。（カヨ）

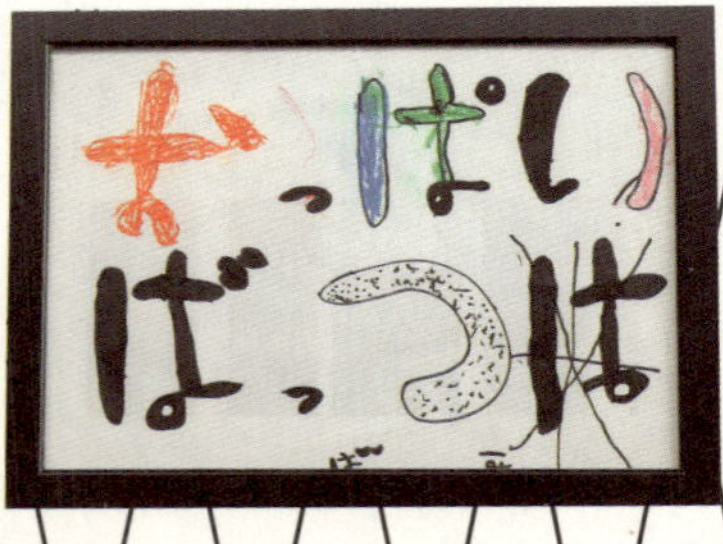

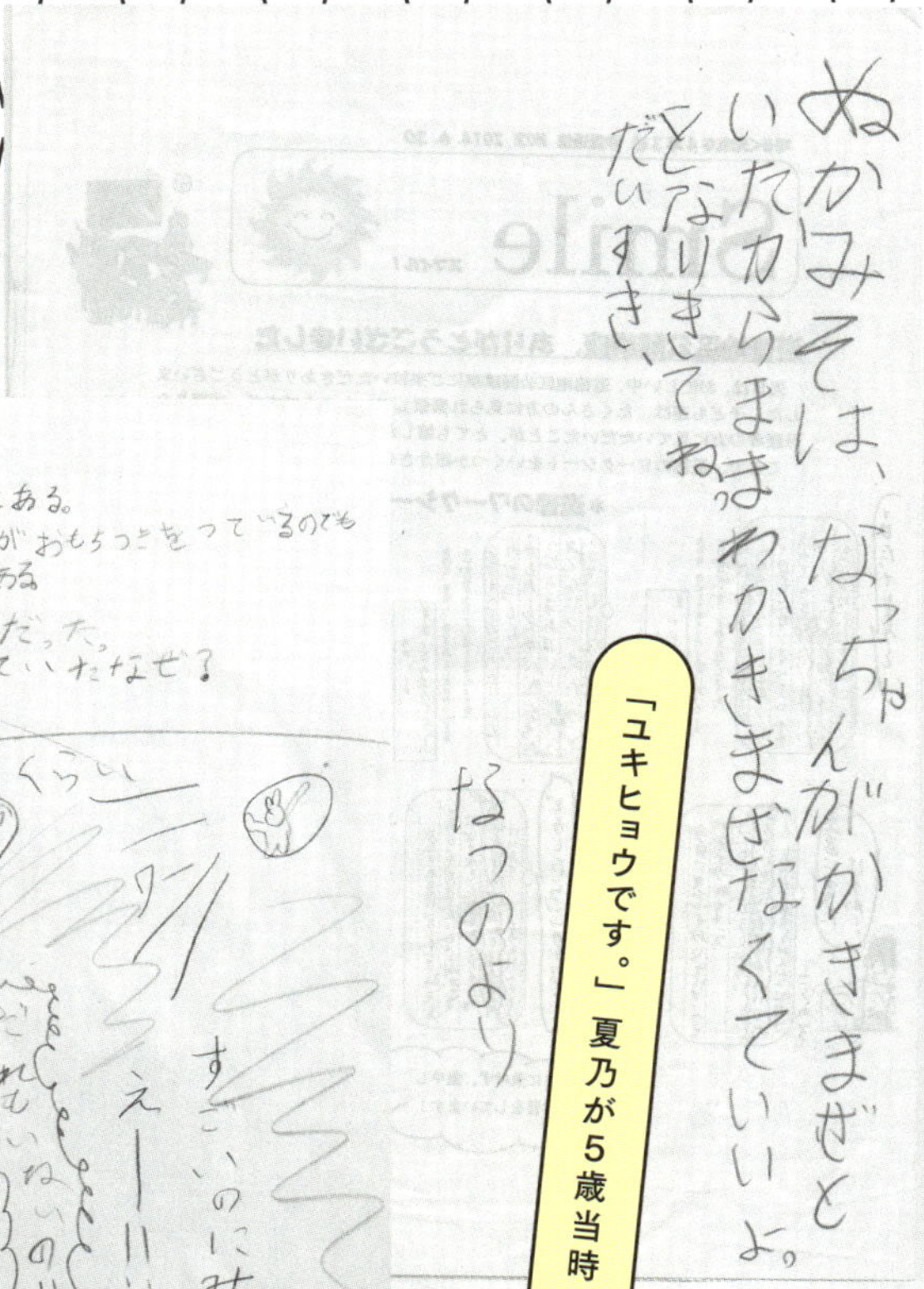
ぬかみそは、なっちゃんがかきまぜと
いたからましまわかきまぜなくていいよ。
となりきしてねっ
だいすき、
なつのより

お月さまは、一日ずっとある。
おつきみは、うさぎがおもちつきをっているのでも
なんないときもある
お月さまはきれいだった。
月が"ワーっていっていたなぜ？
くらい
だれもいないの!!
えー!!!
すごいのにみんな

「ユキヒョウです。」夏乃が5歳当時一番好きな動物だったらしい。（英樹）

4歳位の小春が作った家族。よく見るとヘソ、赤ちゃんの夏乃も描かれている。（カヨ）

まさか目がひっくり返ったシーンだったとは！（英樹）

アフロでインターホンに映りに行く。41ページに経緯あり。（カヨ）

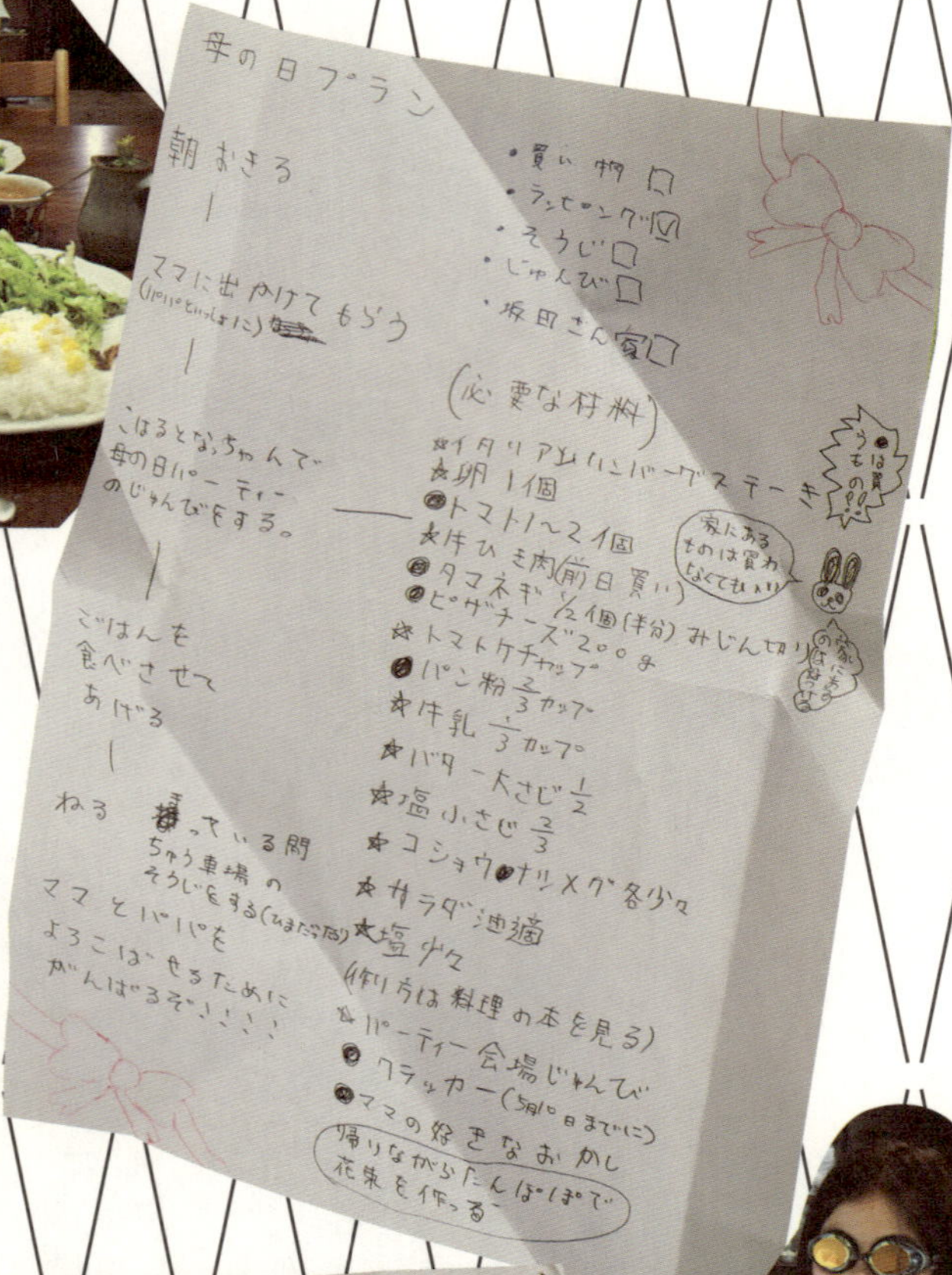
母の日プラン

朝おきる
|
ママに出かけてもらう（パパといっしょに）
|
こはるとなっちゃんで母の日パーティーのじゅんびをする。
|
ごはんを食べさせてあげる
|
ねる

まっている間ちゅう車場のそうじをする（ひまだったら）

ママとパパをよろこばせるためにがんばるぞ!!!!!

・買い物☐
・ランチョング☑
・そうじ☐
・じゅんび☐
・坂田さん家☐

（必要な材料）
☆イタリアンハンバーグステーキ
☆卵1個
◎トマト1〜2個
☆牛ひき肉（前日買い）
◎タマネギ1/2個（半分）みじん切り
◎ピザチーズ200g
☆トマトケチャップ
◎パン粉2/3カップ
☆牛乳1/3カップ
☆バター大さじ1/2
☆塩小さじ2/3
☆コショウ◎ナツメグ各少々
☆サラダ油適
☆塩少々
（作り方は料理の本を見る）
☆パーティー会場じゅんび
◎クラッカー（5月10日までに）
◎ママの好きなおかし
帰りながらたんぽぽで花束を作る

◎は買うもの!!
家にあるものは買わなくてもいい

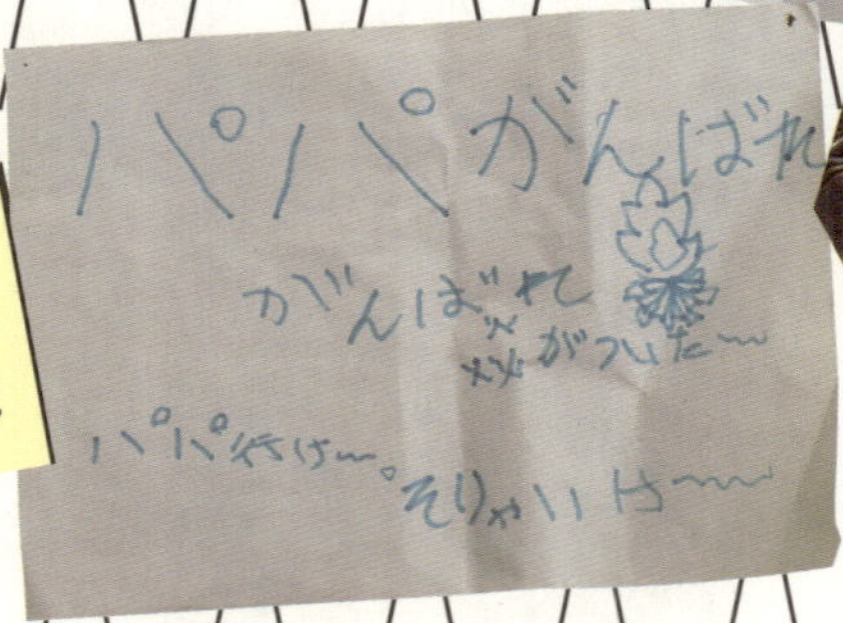
パパがんばれ
がんばって火がついた〜
パパ行け〜。そりゃいけ〜〜

4年生の小春が作った母の日プランメモ。たまたま拾って見て驚愕感動号泣。（カヨ）

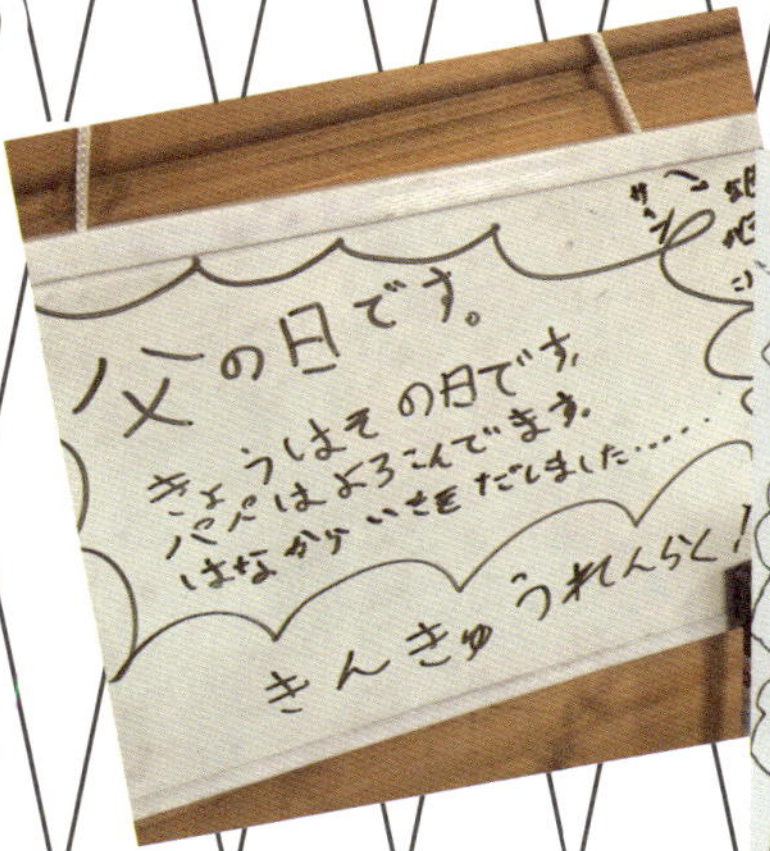

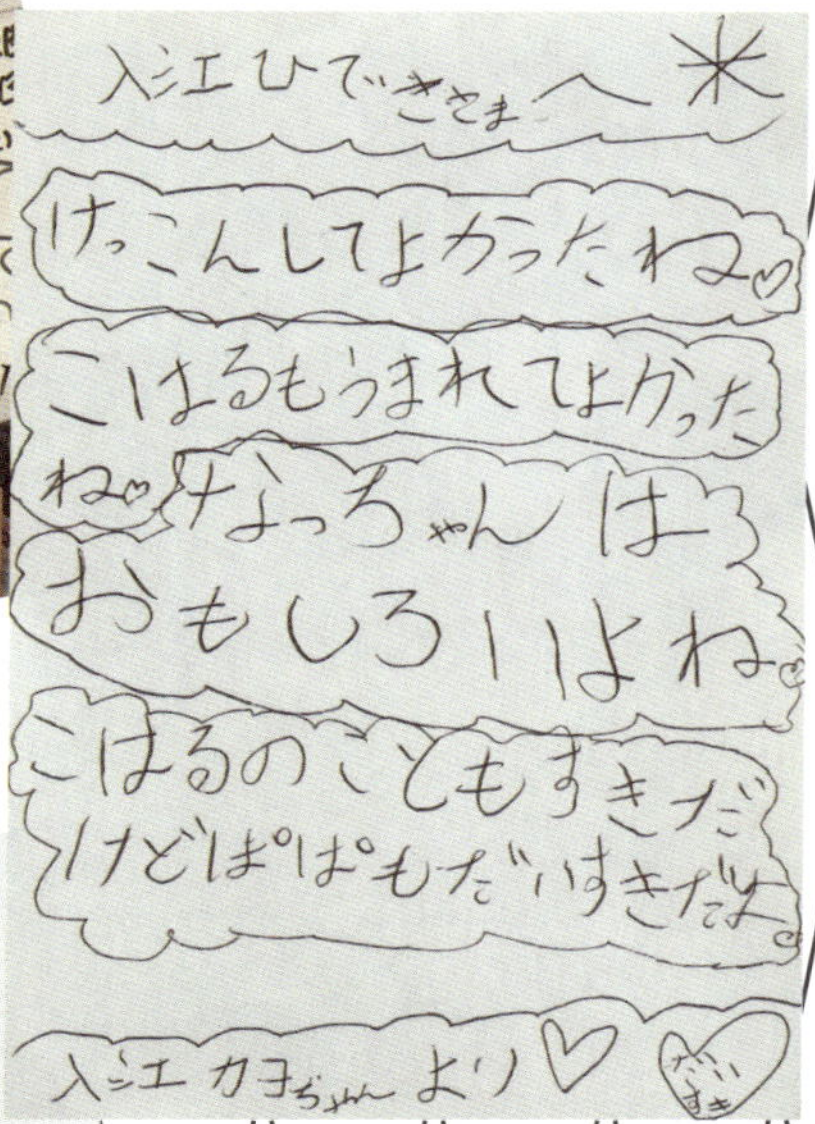

完全に小春のテイストの偽手紙だけど、2倍も3倍も嬉しかったです。（英樹）

「結婚してよかったね」って私も思うよw。（カヨ）

大将がいつもよりも笑顔で一緒に楽しんでくれる鮨屋（英樹）

大将が手についたお米を舐めては握る鮨屋でした（カヨ）

小春鮨

何年かに一度、結婚記念日や誕生日に、突然開店する「小春鮨」。銀のシャリには、目一杯の感謝が込められています。

姉妹にLINEで聞きました。

小学生のうちに読んでおくといい本は？

春 本は特にないけど好きな映画とかの原作の小説とか興味あるものの本とか読んで本を読む楽しさを知るのがいいと思う

夏 100万回生きたねこ

自分のイライラがおさまらない人が、まずすべきことは？

春 好きな歌を本気で大きい声で歌う。あと、友達（私はなんでも話せる友達）に言いたいこと全部聞いてもらう それだけですっきりする

夏 場合によれば泣く。まずイライラするとあしのうらがむずむずするんで余計イライラするし。まず足と足を重ねる。だからそれがイライラしてるサインやでぇ

（学校での話）理想的な昼休みの過ごし方

春 友達と話すかおにごっこ

おにごっこして（ずっと走って笑ってる。）Cooler の効い

夏 た教室に友達と入ること。とにかく友達と笑ってること!!

そのLINEアイコンにしてる女性はどなた？

春 横田真悠ちゃん 私が好きなモデルさんです。

夏 beautiful と思うおしゃれな人。この配置すき。

ペットを飼うならなに飼いたい？

春 犬か猫→小さい頃から犬が大好きで猫も最近。可愛いなと思っているから

夏 大人になったら男の子と女の子をどっちも持つつもりで3人くらい。で、飼うのはいろんな動物限りなくいろんな種類を飼いたい!! そんな環境で子供を育てたいってのも。あと、願望ハーフ生みたい。そのために動物園とかで働きたいなぁぁ。で動物は保護、犬猫豚……………………など。

※原文のまま載せています。

家族一人ひとりを、家電・文房具などに例えて、その理由も教えて欲しい！

春 なっちゃん＝テレビ→うるさいし嫌なとこあるけど
なんだかんだ生活に必要だし家をにぎやかにしてくれる
ママ＝メモ→色々教えてくれるし小春にとってとにかく
ないと困るもの（私はメモ魔だから）
パパ＝洗濯機→いつも家族のために動いてくれて
たまにすごい疲れてる

夏 小春…アラーム（アラーム）（アラーム）
ガヤガヤうるさいし　起きれないときもあるし。
でも絶対ないとむりだし多分一生お世話になる。
母親…電球
1人で家にいるとき
家族が家にいるときも
必ずといっていいほど、
つけちゃう。
つけないと怖いし、
つけているのが当たり前になっている。
灯り。
父親…電球の周りにつけるやつ。
電球（（母））を守りながら、
色んなもの（家具とか）を照らしてるる。

家で一番落ち着くお気に入りの場所は？

春 ハンモック　寝る前に布団が敷いてある寝室

夏 ソファーーとハンモック

これまでで一番嬉しかったクリスマスプレゼント

春 自分がお願いしたとかも嬉しかったけどそれについ
てきたサンタさんのブーツのお菓子が何が入ってるか
とか楽しみで何気に1番嬉しかったかもしれない。

夏 ガムマシーン！1キロのガムも一緒に。

300円で買える、一番おいしいものは？

春 焼き芋

夏 potato.M

今覚えている、自分が一番小さい時の記憶

春 親友と初めて会った時

夏 りんご屋さんが家にきて、箱を
23個もらった？買った？りんごも。

ロンドンからロンドンへ

父、入江英樹が
留学していたロンドンに、
家族を連れて
行きたかった理由。

TAXIS
R192 SLH

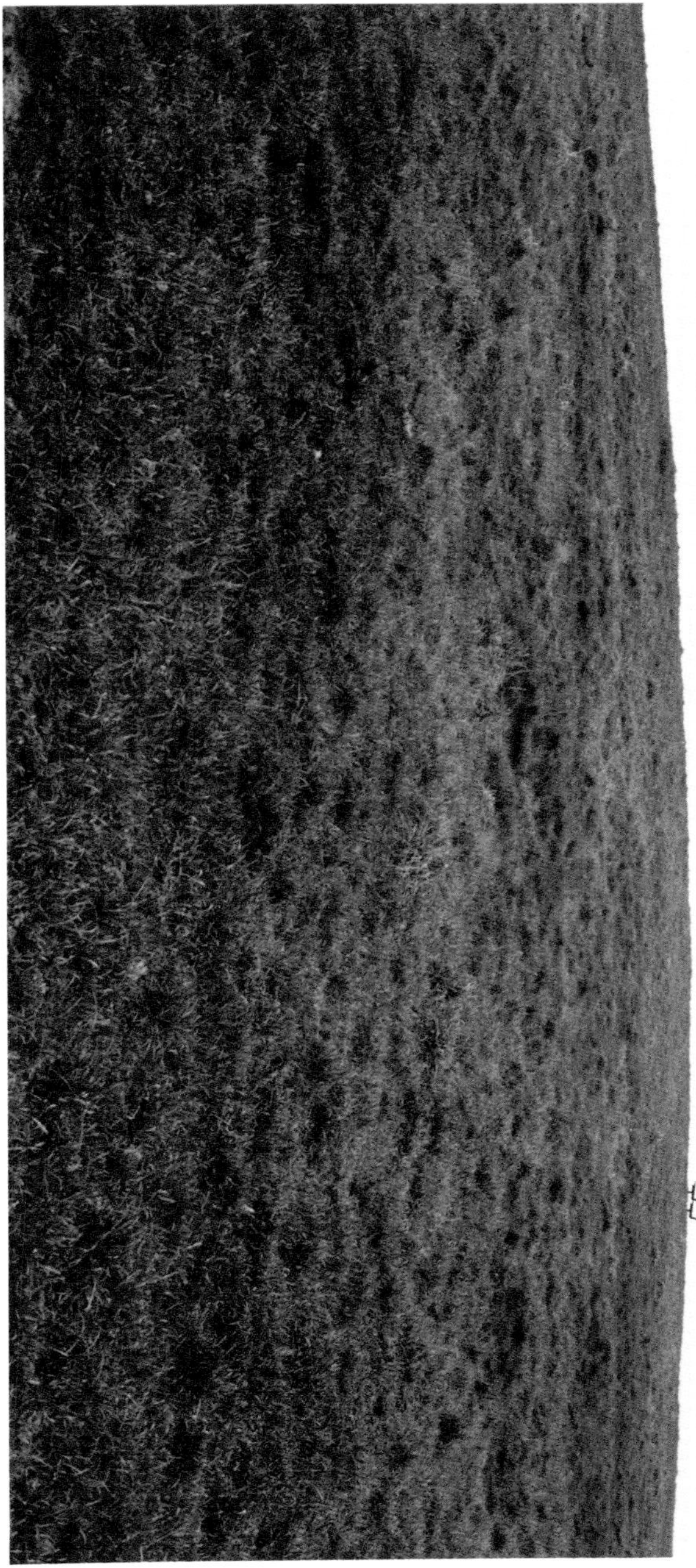

あたりまえの今日

ロンドン留学で見たもの

1976年7月22日、僕が生まれる直前に今は亡き父がイギリスを短期で訪れていたことから、英国から取って「英樹」と名付けられた。生まれた時から英国と結びつけられていた。自分が訪れたことを日記のように息子につけるなんてと思ってしまうがそれが、後の人生に影響を与えてしまうから不思議だ。2歳から1年間父の仕事の関係でロンドンの郊外で暮らす。家族が楽しそうにその頃の思い出を話す時、全く覚えていない自分は疎外感もあったが、同時にいつか自分も訪れてみたいと強い憧れを持つようにもなった。

中学2生頃から、高校留学やサッカー留学など色々な方法を模索し続け、最終的にロンドン大学への留学を決めた。留学していた2年間、僕は西欧の生活文化と出会い、日本人である自分のアイデンティティと出会い、写真もちょうど、その頃はじめた。綺麗なロンドンの街並みは歩くだけでも気分が落ち着いた。どこを歩いても、暖かい眼差しにあふれ仲むつまじく散歩する家族とすれ違った。当たり前のように家族との時間を大切にする人々と同じ場所で暮らせたことが、いまの自分の写真に繋がっていると思う。その頃の写真は、誰かのためではなく自分が後で見て楽しむために、36枚撮りフィルムで撮影していた。一日中街をふらふら歩いて、4枚しか撮らないこともあった。「撮らない」という選択は、撮りたいものを逃さない集中力につながる。枚数の限られたフィルム写真からそのことを学べたのはかけがえのないことだと思う。

1995年3月15日地下鉄サリン事件があったあの日、僕はロンドンへと旅立った。1997年4月24日麻原の初公判の日に、日本へ帰国した。日本中が騒然とした2年間を僕は知らない。のちに、サリン事件の被害者家族のインタビュールポ『アンダーグラウンド』(村上春樹著/講談社)を読んだ。被害者家族は前日までのただの家族だった。手を繋いで買物に行く、食卓を皆で囲む、あの日常が幸せだったと語っていた。今すでにある何の変哲もない暮らしが続くこと自体、何千何万もの奇跡が生み出したもので、自分が将来家族を持ったなら、ロンドンの人々のように、「あたりまえの今日」を大切に暮らすことを自分の夢にしようと思った。留学から約20年後、家族旅行で再び訪れたロンドンで僕は確信できた。僕の夢は、叶っている。(文＝入江英樹)

留学時代によくひとりで訪れ
写真を撮った
ハムステッドヒースの丘を、
娘たちが駆け上がる。

LONDON

ロンドンでは、
暮らすような家族旅行が
してみたかった。

アパートを１週間借りて
スーパーで食材を買い、
家で食べて出かけた。

枝がない

公園で最適な枝を拾う↓

もっといいのを見つけました↓

自慢し合う2人↓

ここグリニッジ天文台だよ↓

形を生かしたポーズ↓

ここは昔の宮殿だよ↓

姉は踊る↓

海洋博物館前を通過↓

77 ロンドンで

お菓子屋さんを発見！↓

枝はここで待っててね↓

お菓子を持ってマーケットへ↓

ちょっと疲れたね↓

さあ帰ろう…あれ、枝は？↓

ダッシュ！↓

なくなってた…↓

そういうこともあるよ（姉）

イギリスの地下鉄のベンチで新聞を読む
典型的なイギリス紳士の隣に、
娘たちがいる。

こんな風景を
ロンドンで見てみたいと
ずっと思っていた。

79 LONDON

ロンドンの往復で何度も降り立ち、
涙したりホッとしたり
不安になったり
自分の感情が激しく交錯した
ヒースロー空港。

初めて訪れた娘たちは
真っさらな気持ちで
カートを一緒に運んでいる。
それを撮る僕の気持ちは、
穏やかだった。

谷川さんと、森

ひまな時間を豊かに過ごすためのコツがあるとしたら、誰に聞くのがいいだろう。一人は偉大な詩人。あとは、森に聞こう。

面白い大人に会わせてあげたかった。

☜ 谷川さんと3回目にお会いした
1999年6月30日の絵日記

谷川さんと入江家の関係について。説明が長くなってしまうが、いいだろうか？絵本の『これはのみのぴこ』的に一息で読んで欲しい。

映像制作会社の会社員だった頃、急にADが辞めたから手伝って！って頼まれた仕事で谷川さんと知り合い（辞めたADに感謝！）、年賀状やら季節のお便りやらで薄めの関係を保ちつつ、イラストレーターになると言って会社辞めて最初に開いた個展のお知らせに対し、「行けなくてごめんね」と清春白樺美術館『谷川徹三の眼と心展』のチケットを送ってくださり、当時知り合ったばかりの入江ちゃんとなぜかその展覧会に行き、思いのほか会話が弾んでその後おつきあいしちゃって、結婚して、結婚式代わりに銀座で写真と絵日記の2人展をしたら来てくださり、小春が生まれた時には、「地球にやう

こそ！」って書いた絵本を役所の手続きよりも早くに小春宛て郵便物として送ってくださり、絵日記の本に帯を書いて頂き、そのお礼と称してお家に押し掛けたり、訪問する理由がない時は応募用紙を送りつけてお邪魔したり、絵日記を描くための中が白くて本の形になってるちょうどいいものがなかなか売ってないって言ったら「これなんかどう？」って中が真っ白の束見本（印刷する前の見本）をくださったり、我が家が森の中にぽつんと建つ家だと勘違いなさり、うっかり車で家を見に来てくださったり、お家に伺った時に「またね」って目を見て言ってくださったのがズキュ～ンと来て隠しておけなくて、「私、谷川さんのこと好きになっちゃったかもしれない」って入江ちゃんに言ったら「俺も」って言ってたくらい、入江家みんなが大好き。谷川さん。

（文＝フクダカヨ）

谷川俊太郎邸 訪問応募用紙

2006.2.16

氏名	フクダカヨ、入江英樹、入江小春  (1歳)
住所 FAX tel 職業	〒[redacted] 偽イラストレーター
お邪魔する口実	なし
MEMO	こんな用紙が配布されていたので 申し込ませて頂きます。 お忙しいこととは思いますが どうか遊びに行かせて下さい! よろしくお願いいたします。 返信欄 こんにちは ご無沙汰いたしております。

フクダカヨ様　御家族様

谷川邸訪問コンクールに御応募いただきまして、ありがとうございます。貴家の訪問順位は目下のところダントツの一位ですが、谷川邸の開放日が目下のところ決まっておりません。開放日がいつになるかをお知らせできる期日も、目下のところ未定です。御訪問が可能な状態になり次第、御連絡をとらせていただきますので、あしからず待機のほど願い上げます。

目下のところドタバタ忙しい

二〇〇六・二・十九

谷川邸主人

受賞のことば

この度 谷川俊太郎邸訪門コンクール第一位を
受賞いたしました。
訪門日に向け、一家で筋トレ、涙のロードワークを
重ね、待機いたしております。
ありがとうございます!!

一位代表 フクダカヨ

19th Feb
2006

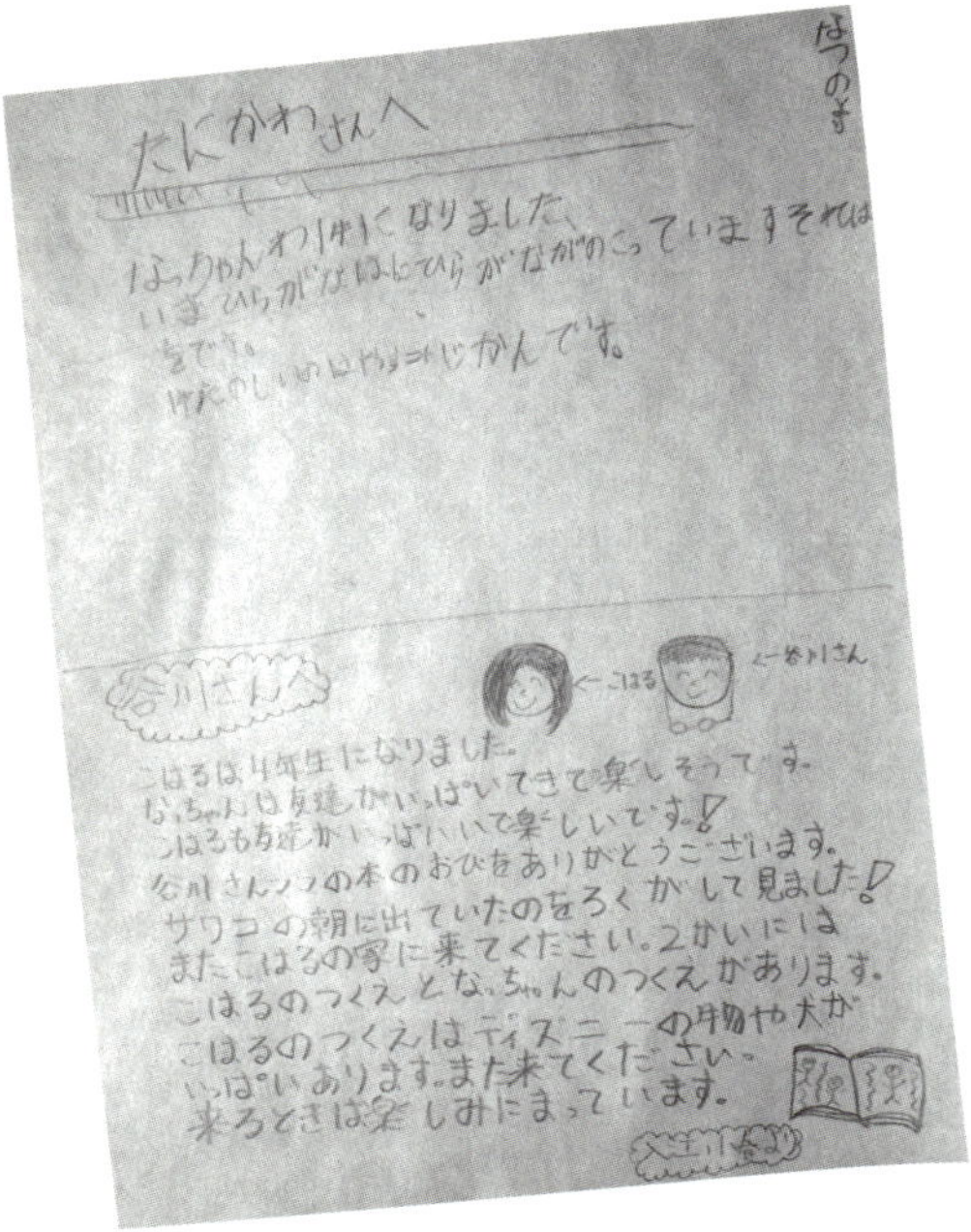
なつのすけ
たにかわさんへ
なっちゃんわ1年になりました、
いまひらがなはほとんどひらがながのこっています
それは
きです。
がんです。

谷川さんへ
こはる
谷川さん
こはるは4年生になりました。
なっちゃんは友達がいっぱいできて楽しそうです。
こはるも友達がいっぱいいて楽しいです!
谷川さんの本のおびをありがとうございます。
サワコの朝に出ていたのをろくがして見ました!
またこはるの家に来てください。2かいには
こはるのつくえとなっちゃんのつくえがあります。
こはるのつくえはディズニーの物や犬が
いっぱいあります。また来てください。
来るときは楽しみにまっています。

谷川さんは、面白い大人です。
この世界にはたくさんの
面白い大人がいて、
大人の世界も案外楽しいってことが、
子どもたちに伝わるといいな。

近くに森がある。
小さい山かな？
わたしたちは「森」と呼んでいる。

狸はいるけど
熊はいない。

公園でもなく
きっと私有地だけど、
人が通っていい雰囲気で、
でもあんまり人がいない
奇跡の森。

その森へ初めて行った時は、
2人とも抱っこやおんぶが必要な
小さな子どもだった。

それから毎週末のように森へ行った。

数年経ち、
私と背丈も変わらない小春を
おんぶしたことがある。

思春期に入っていた小春とは
よく言い争うようになっていたし、
その日も朝から喧嘩して、
小春は仏頂面で
みんなの後ろをとぼとぼ歩いていた。

「おんぶしてあげよっか？」

半分冗談で言ったけど、
小春は黙ってうなずき
泣きそうな顔で
背中につかまってきた。

私も泣きそうだった。
奇跡の森は、
「家族」によく効く森だった。

遊び心と、回復力

冒頭で、「ひま上手」な家族を紹介する本です。と書いた。

僕が大学生の頃制作したリトルプレスの取材先として協力してもらって以来、入江家とは10年ほどの付き合いになるので、それなりに、入江家のキャラクターは分かっているつもりでいた。けれど、実際に本の制作を進める中で、この「ひま上手」という言葉をもう少し噛み砕く必要が出てきた。ひまが、上手。とは、具体的にどういうことなのだろう。打ち合わせや、写真・絵日記を見返していくプロセスを経て、どうやら「ひま上手」な入江家の人たちは「遊び心」と「心の回復力」を持ち合わせているらしいことが分かってきた。

この本を読んでいただければ分かる通り、入江家の4人それぞれのキャラクターの中に、人生を楽しむために必要な才能として、羨ましいほどの「遊び心」が備わっている。置かれた状況に身を委ね、より楽しい方に発想してゆく力。これが一番飛び抜けているのは、次女のなっちゃん（夏乃ちゃん）だ。来年で中学生になる彼女の事を、僕は敬意を込めて「N先輩」と呼んでいる。

とはいえ、いつどんな時も遊び心を発揮できるわけじゃない。生活していれば、心が忙しくなって、ひまを豊かに、なんて言っていられない場面はいくらでもあるはずだ。だが入江家の人たちは、そんな自らの状況をリセットし、やり直すための方法をいくつも知っていた。「心の回復力」とはそういう力のことだ。家族で森に行く。手紙で想いを伝える。ギターを弾く。心の回復を担う営みが、入江家では大切にされている。

編集者あとがき

大人になるにつれて、子ども時代のように「ひま」を豊かに生きることは難しくなっていく。というのは多分、間違いだ。大人になったら大人なりの、「ひまとうまくやるコツ」ってものがあるんじゃないか。入江家の本づくりから、僕はそんなことを学んだ。(文=渡辺龍彦)

著者略歴

フクダカヨ
映像制作会社勤務を経て現在はフリーのディレクター&イラストレーター。夫婦で映像ユニットIRIE FILM結成。著書に『傘が首にかかってますけど』『よりみちの天才』『神様はそんなにひまじゃない』
フクダカヨ絵日記　fukudakayoenikki.blog.jp
Instagram　@fukudakayo

入江英樹
2歳の1年間ロンドンで暮らす。18歳ロンドン大学入学。留学中写真を始める。現在、写真家&社会福祉士。家族写真(七五三、結婚式など)随時受付中。(お問い合わせ　iriephoto@yahoo.co.jp)
イリエフォト 日記　iriephoto.blog.jp
Instagram　@iriephoto

ひまのつめあわせ 入江家の本

2019年11月11日　初版第1刷印刷
2019年12月1日　初版第1刷発行

著者　入江英樹、フクダカヨ
協力　入江小春、入江夏乃
編集・発行人　渡辺龍彦
デザイン　門倉未来(MIKIKADO)
印刷・製本　シナノ印刷

大扉の言葉
谷川俊太郎『幸せについて』
(ナナロク社、2018、P.68)より転載

発行所　遊と暇
〒120-0036
東京都足立区千住仲町38-2-301
www.instagram.com/utohima/
info@utohima.jp
ISBN978-4-910126-00-5